夜听秋雨静梧桐

——方林诗词选集（二）

方林（美）著

新华出版社

图书在版编目（CIP）数据

夜听秋雨静梧桐：方林诗词选集. 二 / 方林著. —北京：新华出版社，2018.4

ISBN 978-7-5166-3953-5

Ⅰ. ①夜…　Ⅱ. ①方…　Ⅲ. ①诗词－作品集－中国－当代　Ⅳ. ①I227

中国版本图书馆CIP数据核字（2018）第063651号

夜听秋雨静梧桐：方林诗词选集. 二

作　　者：方　林

责任编辑：蒋小云　　**封面设计：**中尚图

出版发行：新华出版社
地　　址：北京石景山区京原路8号　　**邮编：**100040
网　　址：http://www.xinhuapub.com
经　　销：新华书店
购书热线：010-63077122　　**中国新闻书店购书热线：**010-63072012

照　　排：中尚图
印　　刷：北京盛彩捷印刷有限公司
成品尺寸：240mm×170mm
印　　张：19　　**字　　数：**228千字
版　　次：2018年4月第一版　　**印　　次：**2018年4月第一次印刷

书　　号：ISBN 978-7-5166-3953-5
定　　价：78.00元

目录

胸怀激荡

倾诉衷肠

文字畅想

梦境悠长

宋词欣赏

景致风光

游历四方

小诗清爽

观影感伤

评论锋芒

叙事印象

壹

胸怀激荡

塞北江南

西风烈烈登高楼，
古道黄花雄关口，
莫道江南独春秀，
塞北大美画中游。

一骑绝尘剑封喉，
岁月荏苒杯中酒，
公子王孙今何在，
侠骨柔肠韵长留。

与同学读诗会

玲珑塔内画玲珑，
清茶飘溢读书声，
扬花三月品诗韵，
桃花季节沐春风。

春携晓雨惬意萌，
人生冷暖话谁听，
字句由来含苦涩，
行间款款道真情。

夜宿长城

晨钟暮鼓梦中来，
巍峨壮丽烽火台，
古道雄关月光照，
长天号角锦衣牌。

风餐露宿狭路窄，
山村野趣烛光台，
篝火冉冉古城韵，
城头畅意戍边怀。

古战场怀思

传奇浩瀚史如烟，
千秋功罪谁断言，
江山更迭续传递，
宫闱恩仇爱缠绵。

国臣天子博一灿，
才俊谋士仗直言，
人心向背难洞鉴，
花落谁家叹纠缠。

万马嘶鸣杀震天，
华容貂锦铁甲联，
剑戟横飞旗呐喊，
荒野梦断哭苍远。

公爵王侯拼一战，
血雨腥风悲凄婉，
滴血菊花千万盏，
春秋征战几人还。

春归

京城春归暖，
晨鸟鸣树颠，
柳浪吐新绿，
桃花绽春颜。

远眺登景山，
观花玉渊潭，
怀古赴长城，
仰天啸天安。

听雨潇湘阁，
晨曦攀香山，
高厦观日落，
白塔霞万千。

钟鼓声久远，
戒台续禅缘，
故宫说野史，
古城韵味酣。

老巷返古典，
明清酒旗幡，
院落老门匾，
唐宋韵变迁。

射无回头箭，
时光逝非凡，
乾坤细筹谋，
春日重开篇。

同辈老将去，
后生新起点，
生命自循环，
回首苦甜酸。

往事如画卷，
点滴梦回旋，
春风归来日，
轮回又一年。

春运

新绽桃花俏睡眠，
春色依稀晓梦酣，
佳时鸟啼古城静，
节季去留复回还。

谷峰秀丽老村前，
丰树烟波一支帆，
果叶清香诱春雨，
鲜竹掩映话梅甜。

春风惬意马加鞭，
屏翠生辉花自然，
画暖鸳鸯惊鹤影，
暖浸江花入时年。

魂入梦境桃花源，
归隐闲居话缠绵，
梦归山乡望悠远，
迁徙万家盼团圆。

起落浮沉

波涛汹涌易覆舟，
身世浮沉几多愁，
昨日凄美韵犹在，
楚歌四面霸王休。

盛景年华顺推舟，
起落无兆锋刀口，
国运家财无可测，
命运多舛断崖头。

天有阴晴暴风骤，
人至富贵两极走，
怒海行舟暗险渡，
虎落平阳泪双流。

重拾河山起从头，
莫陷悲苦自忧愁，
不见落霞西山口，
村东又起红日头。

秋夜

巷深酒香浓，杏旗老梧桐。
秋夜催寒凉，惬爽晚风清。
细语聊风月，凄凄感人生。
话别道珍重，古街嘘寒凝。
枫叶缀草径，萧瑟听雨声。
竹林静落寂，初雾沁廊亭。
往事浮旧梦，微醉已朦胧。
岁月化云轻，长思望月明。

女排

哀风落雁苦无声，
兵残落败死难成，
必执青魂归马上，
胜悬刺骨拼一程。

翻岳松幡溪若明，
盘云疏影玉潭清，
逆胜自有雄魂在，
袭篆岩花传世铭。

永夜松涛转回声，
不悔初心梦名功，
言来自守鸿皓志，
弃存博力惊一鸣。

信步霄云赴一程，
念壑翻转楚云峰，
守逢再返归来日，
恒终笑谈死后生。

壮烈

壮士长空破敌顽，
怀死冲折谁忍看，
风云千古英烈事，
骨冷烟消倍觉寒。

赤子独机未思还，
心知必死势若山，
义侠亮节高风处，
胆气忠魂关云天。

银幕硬汉

硬汉英姿犹可见，
银幕铁骨数十年，
洪声依旧说旧事，
廉颇鹤发尚酒饭。

国舞飞扬

迈开舞步，舒展臂膀。
迎着朝阳，走向曙光。
体魄健美，心情舒畅。
敞开胸怀，跳出健康。

性情陶冶，素质修养。
活的精彩，活出质量。
性情豁达，心灵善良。
形体优美，欣赏目光。

马蹄飞扬，河滩牧场。
江南秀丽，月撒荷塘。
竹乡掩绿，柳挽麦浪。
枫红落叶，绿野苍茫。

随歌起舞，绚丽登场。
舞出风采，秀出光芒。
心怀大爱，乐居小康。
美哉自我，寓意深长。

音乐聚会

京城秋月枫夜晚，
雨后清新天蔚蓝，
大腕聚首茗茶香，
歌唱交流一夕谈。

旋律悠扬情无限，
曲调低徊醉心弦，
声部起伏浪花起，
排山倒海声余璇。

歌曲曼妙心花灿，
生活多彩喜庆添，
歌者情怀多绚丽，
群星璀璨歌浪漫。

名师佳作风景线，
演绎风格各自然，
生命若诗多乐感，
曲无疆界飞天边。

卧虎藏龙

文史长卷浩千年，
化作江水浇春田，
传道解惑释繁纷，
承续精髓代相传。

卧听松涛夜无眠，
虎踞龙盘啸风迁，
藏山猿鸟三千里，
龙鹤林仙一千年。

天助自助

驷马扬尘出西关，
京城如画天湛蓝，
坐斟美酒道风云，
酣畅淋漓话江天。

人生无常过九关，
莫叹时运命苦短，
天助自助成在天，
成败得失顺自然。

皓月

静赏夜色斟美酒，
皓月当空登高楼，
小雨纷纷沁心脾，
清凉雨露遍沙洲。

功业小铸志难休，
清名传世问何求，
茗风露地疑朝暮，
香郁风和夜清秋。

入疆

战争燃硝烟，
历史谱画卷，
谁错史评判，
素酒道委婉。

国共续和谈，
西北战犹酣，
一生戎马上，
是非口相传。

郎平

除了欣赏，还是欣赏。
除了赞扬，还是赞扬。
球场变幻，风云激荡。
郎导镇定，将帅气场。

生活如同球场，
有时失分，有时怯场。
有时跌倒，有时迷茫。

女排精神，民族脊梁。
一分分争，一分分抢。
艰苦卓绝，铁血刚强。
永不言弃，笑在终场。

生活如同球场，
跌倒了爬起来，擦干泪挺胸膛。
重布局细谋想，输一局赢全场。

女排精神，铁骨脊梁。
郎平英名，千古流芳。

寒梅

红蕊初绽俏春妆，
梅枝妍展影成行，
雪域红绫长袖舞，
域岭寒雪溢飘香。

傲雪馨矜艳屏窗，
骨气忠贞绕悬梁，
雄怀报效铭志远，
奇峰漫漫任风狂。

孤芳典雅语铿锵，
雅趣诗书古贤长，
自饮青茗静日久，
敛勉胸怀己担当。

万山鹤唳听鸣响，
古韵丹青笔意昂，
流水延年君不老，
芳名品德仰余香。

跌宕

人间百态难说定，
跌宕起伏无宿命，
偶陷低迷暗潮涌，
求生不门遁无缝。

迷局危难心愈静，
羽翼梳理待西风，
最赞翻盘大英雄，
凤凰烈焰涅槃生。

香港

花开紫荆香江晚，
好呈琼浆玉荃湾，
月洒上环海潮静，
圆通港九日平安。

香溢朝野御风寒，
港内经贸一线牵，
美丽明珠洁自敛，
艳惊四座秀值颜。

一品高位笑风烟，
衣冠相貌法制全，
带临福祉惠民众，
水乳交融共长天。

唇含和睦中华圈，
齿存亲情两双全，
相依山水同一梦，
联脉宗亲共家园。

汹涌

波涛汹涌电雷鸣，
飞沙走石起狂风，
雨落倾盆水如注，
花树凌乱叹无情。

身世浮沉若浮萍，
随风飘落几逢生，
浊酒未饮人已醉，
江湖退隐罢不能。

惊涛拍岸浪奔腾，
啸风滚动震高声，
坐看亭台昂首立，
笑拥云起正西风。

暮秋

作画施笔墨，
意成唱诗歌，
才学多新趣，
生活添喜乐。

枫叶暮秋色，
平林归鸟多，
思乡宜北望，
竹篱绕小河。

果腹家乡味，
阖家坐一桌，
说说家乡事，
楚楚入心窝。

最喜新春到，
彩灯挂亭阁，
喜获丰收季，
欢乐满城廓。

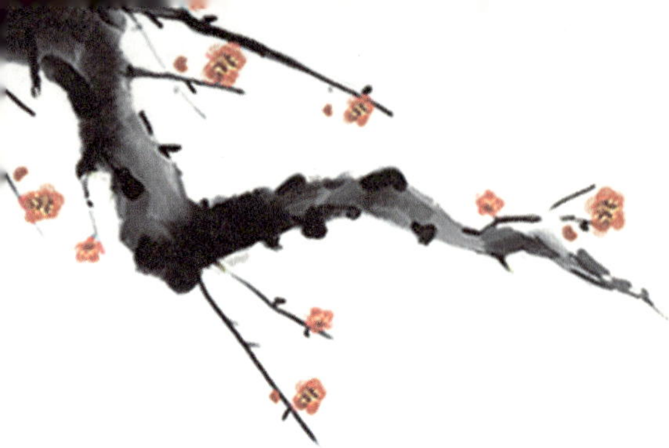

寒梅

雪域花红多奇妙，
梅蕊暗香且独傲。
雪岭高原冰玉洁，
寒梅傲雪品格调。

缘分

花开花落四季分，
婉转溪流水留痕，
邂逅重逢皆缘分，
聚合离散释有因。

尊崇爱戴拜人品，
何须敷衍勉精神，
过眼云烟多过客，
谁与衷肠或几人。

贰

倾诉衷肠

老巷

酒香寻得巷子深，
灯笼古朴小街门。
窗花红艳园中柳，
不识灯下旧时人。

故园

故园重返梦难收，
古朴依旧韵长流，
霞光夕照画依旧，
老街故里忆从头。

小巷辕门景清幽，
雕梁画栋屋檐头，
拄杖邀谁说长久，
欲说还休话清秋。

冷暖

烛光倩影小亭轩，
美味鲜果翠玉盘，
深情感念入笔墨，
莫怪酒意醉寒暄。

霞光童趣春满园，
笑语欢声梨花繁，
狗儿翻滚跟斗串，
群峰夕照沐清泉。

珍花异草各奇缘，
人生绽放须自敛，
寻得宝驹青龙剑，
扬长避短马扬鞭。

诗情画意兴趣满，
羡鱼何如织网线，
喜得丹青入画面，
一骑绝尘勇当先。

百业互存如隔山，
莫妒他人添忧烦，
争锋夺轫心纷乱，
冷暖自知莫比攀。

巧手一方天地间，
各骋天地自方圆，
总把天下为己任，
勤勉持家趋简单。

十年磨剑苦尝胆，
时运翻转顺自然，
浪花翻滚东逝水，
且尊朴实训家传。

犹喜云游融自然，
泼墨吟诗纵横谈，
山川大地尽走遍，
似水年华又一年。

年轮

朝红东山岭，
霞落西坡林，
羊肥青草绿，
马骏白浮云。

平湖映秋月，
峡影照春分，
山雨恋草本，
晴日爱花魂。

吴侬语含春，
北腔话风云，
江南多绮丽，
蜀秀渝美人。

藏家宽佛缘，
云贵高祥云，
文博居北上，
兴业下广深。

春日桃花开，
清明雨纷纷，
感怀东逝水，
无奈添年轮。

清明

墓园小雨近黄昏，
清明泪洒忆故人，
栩栩如生都风韵，
点滴感动皆入心。

谆谆教导感悟深，
言行灼灼咤风云，
宽容鼓励手握紧，
相拥梦醒试余温。

迷途指引步坚韧，
跌宕起落抚伤痕，
小屋思定重站稳，
不屈不挠奔乾坤。

雨泪交杂湿衣襟，
趣景轶事景长存，
悲欢离合月圆缺，
残花小径断肠人。

好时年

情和气缓语悠闲，
怀惭自省柳堂前，
晚来羞吟霓裳赋，
却诵秋高好时年。

初年

感时幽情无知音，

念旧无端未可循，

初心铭志痴难忘，

年华若水日如新。

真情

聚首年华夜清秋，
合情畅叙话轻柔，
离恨长滴相思泪，
散却踌躇起新愁。

真若秋水楚河羞，
情意绵长暖长流，
相逢吟诵怀衷曲，
伴入江堤漫沙州。

情惜时分语清幽，
谊长怀颂做长谋，
久旱祈盼逢甘露，
远眺即在望西楼。

海沐荷风万顷秋，
阔远惆怅愿难求，
天长望月执新意，
宽目分明月如钩。

京城怀思

亭台楼阁浅鱼塘，
殿堂古朴红砖墙，
平湖倒影映白塔，
荷榭柳浓茗飘香。

九龙幻彩绘凤凰，
古韵黄绸润牌坊，
秋云雁鸣添秋趣，
鲜橙果蔬嫩雌黄。

清波小舟击双桨，
雨后浮云透霞光，
童趣遐思心已醉，
重温少年俪骄阳。

风华月貌留芬芳，
往事依稀淡忧伤，
一代英姿风云榜，
梦归传奇缓悠长。

母爱

母子情深世长留，
爱惜挚手说长久，
如诉如吟声不休，
纤韧情怀细长流。

河转星移难聚首，
流川东逝去且留，
百走千山长回首，
湾溪常念晚来秋。

瑶池璀琅玉罄悠，
光阴荏苒岁月酬，
月明星瀚望长久，
影随乡邻惬深谋。

慈祥普照度春秋，
爱怜话语软轻柔，
无声画卷情独有，
边腮泪垂悲难收。

悲切凄惨

悲春辞岁居天涯，
悲情四屿谁为家？
切径水暖山无路，
切云风轻看村花。

凄晰缓风入亭间，
凄凉意蕴玉境还，
惨淡云怀归旧路，
惨然花飞化青烟。

钟鼓楼边

钟声远去恒久远，
鼓角沉寂落江天，
楼阁残月绕飞燕，
边街古朴历庚年。

美韵古朴老街盘，
妙言随思与谁谈？
童颜莫识熟人面，
年华难辨新时年。

如饮老酒味醇酣，
诗情婉转忆长年，
画檐屋角说趣事，
卷古轶事无流传。

梦归老宅独超然，
境迁真无恍如仙，
依旧黄花归故里，
然梦依稀化青烟。

杏花

杏花黄，梨花羞，
雨盈窗月满西楼。
纤秀手，情难收，
一曲长歌唤乡愁。

月如钩，水长流，
树影婆娑晚清秋。
夜清幽，语谁谋，
银光青洒西山头。

悼王叔

文字书画伴一生，读书万卷儒雅风。
红尘超逸逍遥客，悠然自得不老松。
清茶淡饭怡养生，斗室宽坐道西东。
偶发闲言惊四座，普世经论皆贯通。

初心

匆径林泉溪水明，
忘林醉卧心若轻，
初逢烟雨云峰断，
心怡飘洒寄深情。

大川唱晚丛山盟，
爱竹秋凉燕鸣声，
守心独爱来时路，
恒笔翻作雨意浓。

随笔

云霞锦绸绣天安，
红墙绿柳润地缘，
卢沟晓月映天日，
晨钟古曲觅神坛。

倩影裁成缀碧川，
渔舟唱晚巧余旋，
漓江秀水天色美，
青山远眺一只帆。

含情

山色空蒙雨含情，
清泉水露情谊生，
水流千载回乡路，
秀月萌山日兼程。

故园小径儿女情，
里弄石阶古韵生，
传书千里常回味，
承叙往事与谁听？

血色年华外飘零，
脉络亲情唤一声，
相逢期盼枕边梦，
通途策马踏归程。

乡山蜀水分外明，
音律婉转入心声，
乡水流淌说旧事，
情怀感慨意浓浓。

元月

元月十五灯高悬，
宵雾依稀入梦酣，
月落乌啼古城静，
圆汤入口味甘甜。

桃江秀水小村前，
李树烟波一支帆，
花蕊清香盼春雨，
鲜嫩竹林笋头尖。

春风惬意马加鞭，
江水澎湃花自然，
水暖鸳鸯惊鹤影，
暖浸江花入时年。

魂牵梦归桃花源，
归隐闲居意缠绵，
梦断春愁望悠远，
眷恋情思赏月圆。

清明

春雨落纷纷，
小径草木深，
柳枝喷嫩绿，
野花淡芳芬。

旧日且重温，
叮咛语谆谆，
往事涌心头，
低首拭泪痕。

竹笋初成材，
浇灌植深根，
抬首望长云，
壮怀潜入心。

年华悄逝去，
带去一片云，
感怀时变迁，
静夜梦断魂。

柳枝绿如新，
远目一片春，
拭去腮边泪，
力量静入魂。

长天叙

晨鸟欢声鸣春意，
嫩柳飘然摇无序，
牛铃叮当炊烟起，
落月残星落天际。

彩蝶斑斓知春季，
野蜂飞舞勤酿蜜，
揽笔长书情绪好，
晴空万里长天叙。

天际湛蓝白云聚，
晴风细雨春日丽，
松柏绵延晴日好，
林间松鼠知人趣。

地宽云团细无聚，
雨绮光影风和煦，
柏果千层落满地，
枝叶飘逸吹无序。

晨

松柏莽森森，
薄雾气清新，
高风送日月，
人迹渺无痕。

感怀潜入心，
峰峦一片春，
青翠杨柳绿，
远望入红云。

难得糊涂

偶能醒悟事朦胧，
叹惋疑惑困其中。
悲欢离合虚幻里，
扑朔迷离有无中。

常有百惑浮生事，
未解千般造化功。
何须纠缠知梦醒，
且随天意事归空。

别离

毕业篝火旁，
你我诉衷肠，
四行离别泪，
挥手凝思长。

劳燕飞四方，
音讯两茫茫，
夜深独斟酒，
抬头望月亮。

懊悔

春花美人相映红，
君心荡漾意浓浓，
多少姻缘擦肩过，
空余懊悔伴一生。

夏夜

加州骄阳，
四世同堂，
孙儿俊朗，
老妈慈祥。

说说老话，
叨叨家常，
一杯美酒，
远方遐想。

旧日梦想，
诗和远方，
夏夜秀美，
月影盈窗。

共斟美酒，
银色月光，
爱恋情长，
醉入梦乡。

听德沃夏克大提琴曲

雄浑开篇章，
魂牵欲断肠，
深沉祖国爱，
遥远倍思乡。

弓弦如画笔，
七彩描音像，
和弦秒动听，
颤音拨心房。

琶音心花放，
低音如歌唱，
运弓持饱满，
跳弓击酣畅。

悠悠千古恨，
涓涓曲回肠，
旋律淡幽怨，
余音绕悬梁。

大师虽老去，
经典世传扬，
缓缓思乡曲，
伴君入梦乡。

北京情思

山是故乡高，水是故乡甜，景是故乡美，月是故乡圆。
虽居家乡远，京城常挂牵，乡音不能忘，梦归景万千。
北海映白塔，冬雪登景山，故宫听野史，天坛敬佛缘。
观花玉渊潭，枫红赴香山，前门品茶香，政事聚天安。
长城抒豪情，交响歌剧院，诗词名泰斗，赛歌聚名媛。

几个老邻居，一群小伙伴，后海滑野冰，鼓楼曲杂弹。
两串糖葫芦，一卦闪光鞭，春节逛庙会，礼花夜烂漫。
文革积难返，小平挽狂澜，四年寒窗苦，梦想重点燃。
我才必有用，削发励誓言，出国学科技，眼界心拓宽。
硕博兼获得，羽翼渐丰满，寻职五百强，创业商海圈。

子孙忽满堂，额头鬓发添，一掬苦涩泪，几声年华叹。
苦乐穷自知，征程略遗憾，话到伤心时，四座静无言。
重返孩时路，叹息境变迁，柴菲四合院，不识旧人面。
槐花发几枝，紫藤绕廊前，依稀旧时梦，恍若隔世间。
故人多故去，长忆目茫然，切切老臣心，栩栩亲人面。

生活趋平淡，高风雅趣添，琴棋书浪漫，诗歌画悠闲。
微信批奏折，钦点朋友圈，丰年须感恩，无悔春浪漫。
今日邀春游，暮霞美忘还，莫道年飞逝，却赞天高远。
遥望北京城，游子心相连，祝福祖国好，万里共婵娟。

河滨

自隐河滨小西天，
几亩小园话悠闲，
晨曦遥听牧羊曲，
晚看红霞彩满天。

蔬叶竹筒粗茶饭，
松下品酒赏瓜甜，
花径草坪步百遍，
偶随兴致起翩跹。

略知天下风云变，
指尖点拨朋友圈，
孤鸿野鹤多惬意，
且读诗书心释然。

故事教训常自勉，
初心火花重点燃，
痴心未改返童趣，
生活真实趋简单。

无憾

重担烦心抛一边，
举重若轻缓悠闲，
有酒当歌逢知己，
饮刀无悔笑青天。

人世跌宕多变迁，
苦咸尝过品甘甜，
莫论迟暮终年老，
且求无憾度余年。

健康

世间美好千万般，
唯尊长寿体康健，
健康享尽人生美，
病榻乌云罩惨淡。

纵有天朝三宝殿，
嫔妃后宫愈三千，
一朝君皇驾鹤去，
众臣离去鸟兽散。

体质优异贵当先，
生活品质多美满，
莫等卧病煎苦痛，
霸王悔恨乌江边。

晨呼清爽气新鲜，
张弛有度行规范，
心胸开阔精神爽，
幽默达观乐一天。

组字

天安宏伟红宫墙，
蓝天白云风清爽，
绿树掩映金沙水，
风筝起舞随风扬。

雨后晨曦天初亮，
领巾飘飘聚成行，
手旗变幻菊花散，
秋衣装束早寒凉。

鼓乐铿锵唤朝阳，
夜晚礼花绽月光，
童颜无忧畅欢聚，
庆典欢歌花海洋。

太平时节人熙攘，
多事之秋客匆忙，
坐看人间悲喜剧，
静观冷暖旧时光。

少年回忆多遐想，
情到深处略感伤，
长卷点滴初有泪，
岁月如歌味深长。

呢喃

雨打芭蕉心荡漾，
水乳花容细登场，
花落自有花开日，
风骚各异秀春妆。

桃花水流千年淌，
且惜红颜好时光，
旭日朝霞天天起，
不畏西山下夕阳。

红花辗尘入泥香，
喜与人间命一场，
看尽繁华归故里，
沃土归根且何妨。

叁

文字畅想

龙文华章

墨韵江南雨，
撇捺胸怀豎，
横竖擎天柱，
偏旁展雄奇。

羲之端庄秀丽，
颜卿骨感屹立，
隶书古朴典雅，
狂草直抒胸臆。

句对仗，词飘逸，
明言暗喻寓深意。
平仄韵，词牌体，
起承转合皆默契。

屈子离骚体，
诗经朔地气，
几段忧国恨，
落寞红楼戏，
滔滔长江来，
滚滚黄河去。

李杜诗篇诗魂起，
竹简华章史传递，
虚实穿梭影迷离，
憧憬梦境尽畅叙，
感怀激情叙心曲，
汉字龙文春秋趣。

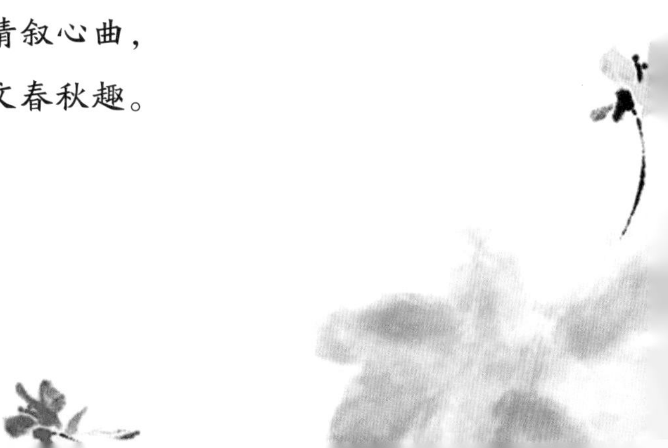

对仗

云对月，雨对风，
晨鸣对晚钟。
槐对柏，柳对松，
黄昏对黎明。

雨蒙蒙，枕一帘春梦。
风萧萧，吹一缕秋风。

霜对雪，水对冰。
春寒对秋冷。
眺长空星光万点，
望月下夜色葱茏。

入花红，曲径通幽。
寻无路，柳暗花明。
灌木树影，看飞流直下。
花蕊草坪，听泉水叮咚。

游梨园秀色，
赏桃花正浓。
动情处，爱恨交织。
放下时，有始无终。

喜大漠，雄浑壮志。
爱江南，春意正浓。
肝胆相照，捧玉壶冰心。
大义凛然，献忠诚永恒。

藏头六首

伯夷无悔远难留，
鹤上新亭步几州，
婉脉自然王宫柳，
转蓬尤为李公侯。

涛声千里雪天晴，
哥国晨曦辞月明，
美景不同春云起，
声名应随夕阳生。

曹溪流水细潺湲，
雪后相思凄美添，
华树约疏秋屋角，
丽花溅落柳条边。

花房依稀柳未斑，
蕾边黄芪垂青山，
煽尾锦鲤说心语，
情丝万种话当前。

胡人出道塞边城，
阳关三月九重重，
神话都凭文言取，
韵行却须巧重逢。

倩持文笔古朝云，
丽托桃花万里春，
梦到蓬莱行不见，
娇红胭绿日如银。

无题

我有一壶酒，足以慰风尘。
晨曦辞夜色，落日盼黄昏。
河堤赏春柳，亭榭沥花樽。
香榭缀玉簪，玉佩饰袖裙。
舞鼓荡秋月，琴弦伴彩云。
萧瑟清明雨，幽簌谷雨春。
草肥沃润土，雨沛助耕耘。
芦白栖鸳鸯，柳绿羡羊群。
古桥道传奇，漪涟说古今。
仙山寻百草，峻岭索山珍。
武俊叙爱慕，靓女拜郎君。
李杜品诗韵，屈子感忠魂。
雄关胆道义，拓疆朔汉臣。
刺字以铭志，位卑报国心。
传奇伴跌宕，情怀与教训。
感悟惜风韵，青史化烟云。

姓名题诗·四十二首

林间已栽荆棘地，
雨后欲寻梅柳枝，
莫嫌江南春色早，
北风吹绿杨柳丝。

沙鸥相识不知秋，
看园恰逢月照游，
此地何人曾得住，
世闻春夏晚归舟。

花蕾成飞若经年，
却隐东海蓬莱仙，
风回彩绣今宵梦，
月落黄庭旧事缘。

伯鹤归来几处留，
为君诗作玉搔头，
登临莫怕飞鸿断，
照水醇心芦花洲。

莫凤心归不见山，
南来有后独悠然，
锦江山色闲无限，
客居湖光淡悠闲。

艾师德重傲浮云，
百列诸生翔自存，
华发已度三峡里，
青山焉识百年魂。

涛头浪阔有人云，
品处前身上石门，
十里山河嵌不尽，
将军帝子道雄魂。

宫殿峨眉掩旧关，
金牛雪片梦中还，
征年换得秦古韵，
心如江海复归船。

王侯不瑜醉兼雄，
故地重访忧乐同，
半世功名从此日；
百年心绪近犹中。

雪云不尽万山寒，
独坐静寂读书闲，
若是归心能两地，
便知无定一千般。

胡沙清雪夜西空，
远近高低略不同，
不闻北定归何处，
有剑助我铸青铜。

蓝风金翎暖烟霞，
宜看霜松逸有加，
唤作妙笔抒心语，
清风徐来吹野花。

勇退何言步小心，
华堂新宇几重门，
茗香细品观天意，
蓄势来年震几分。

岳麓城西筑新田，
柳色桃花碧水天，
青檀美趣多少日，
亭榭阑珊听清泉。

耿通丘壑过雄关，
散诞钟风万里宽，
一卷长幅铺新宇，
坐看明霞昊月天。

佳人避世念初萌，
闲来吟得尚有情，
翡翠秋花风露冷，
蒲叶粟满树无声。

滨海千顷望清秋，
春夜听涛看潮头，
晓晚归舟过霜柳，
藕花凤月登江楼。

泸溪草树画斜阳，
偶得东凤飘清香，
百处凝光初有月，
几分孤梦半无霜。

昌朔江山冠西中，
南洲能归不自同，
尚有山城返身处，
方圆自古两难逢。

志阅千卷往来还，
广路宾朋聚善缘，
且斟美酒邀远客，
醉卧松下却自然。

亚子丰年远望山，
竹松辉映好良田，
峰峦画影无垠处，
牧童短笛渺天边。

沙坪青山绿水通，
晚凉秋寒会不同，
一千广界视野好，
落红栖霞听晚钟。

花季春风叶有情，
开卷有益读书声，
方知草堂称一统，
才俊平川跃兼程。

思长柳丝璀芳菲，
马蹄声碎秋草催，
汀州水暖月色好，
夜雨潇潇听春雷。

猫鸠双兔梳新妆，
玉树临风淡秋黄，
鸲雀归巢鸣双树，
桂花凝露示人香。

琳宫瑶池月清光，
仙人玉枕入梦乡，
星瀚长空玉姣月，
亭榭钟绝满地霜。

京元飘逸意难休，
杏花春雨下江州，
笑纳百川逐新柳，
钓尽春色满垂钩。

国腾随波辞封侯，
玉枝宁折不从流，
取向迎风频出手，
百亩芦花一沙鸥。

龄燕秋萍易水边，
潇湘雨顺预丰年，
暂将画意落心底，
且把诗情著一篇。

超英秀丽细风旋，
倩影映月玉镶边，
闲来春窗做笔砚，
旧友新知广结缘。

爱燕霞飞望江天，
人间桃李蜜甘甜，
江南花雨湖中色，
翠山松鹤水落山。

贤胜清扬随感怀，
琴书伴日百花开，
常感松柏执大气，
秋洒梧桐鸿雁来。

马亦轻车不自忧，
一樽清酒醉新洲，
秋花满地天色好，
明山秀水画清幽。

朝红数载故依然，
梦里千峰瑞江天，
霞光丽影春留步，
一湖秀水缓撑船。

菲草荷塘绿叶浓，
凤凰戏水绿仙踪，
冯唐知返蓬莱路，
飞抵烟云趋大同。

凤鸣鼓角暨鸿锺，
翠岭山花映天红，
枕含玉梦遂心意，
夜听春雨静梧桐。

峰秀千嶂翠云鬟，
遥看晴水晚江山，
青山烟翠悬峭壁，
一点红霞百幛轩。

春宁拜客踏征鞍，
故园春归小庭寒，
湘女痴恋秋意晚，
红樽做伴云霞间。

婉衣素袖水静寒，
岩鼎经年刻石盘，
尽日茗茶常自在，
碧水长流白云闲。

奥山楚水两茫茫，
别绪长思坠叶黄，
玉履长襟秀不染，
姑苏长夜忆家乡。

含水润峰软碧云，
诗文古今两繁芬，
醉眠青松秋带雨，
日照峰峦赏黄昏。

玮桥边塞冬日短，
月影西楼愈天然，
我自一觞醉三载，
寄宿黄山遥百贤。

晶莹晓露日渐长，
夜读长卷荐华章，
晴日长吟春光好，
广域月明梳红妆。

湘女

湘水东去玉宇长，
女媛何方不闻香，
小桥轶事瑶池趣，
风荻秋花邀君尝。

歌舞红绫玉下人，
赋诗低吟温故新，
兼明尚知无情好，
优作春山拜少伦。

张蔡两家

坚为瞻首称尊兄，
固俊少年与儒同，
强拜上乘秋怡好，
英若春湄在初衷。

薇嵌春江云裳帆，
斌花含笑玉千年，
朋游荡漾多风景，
头见明霞金做边。

赠尔湾名医

扁舟一叶下江东，
鹊桥堤岸古韵生，
华天畅叙秋光好，
佗帆几点入洞庭。

尔有天边万古情，
湾头且作一儒生，
名声只在南州里，
医病祛痛似旧耕。

桃江

桃江花盛春山满，
陶然山色醉卧闲，
妙笔从容来天上，
笔端清秀似君颜。

虞仙

舞兮春竹钰香光，
韵胜一筹展自长，
情满碧天花万盏，
虞仙灵秀看东方。

仙踪

绿翠丛林小经长，
野花红艳芦花塘，
仙人试问何方柳，
踪迹秘境正丹阳。

雕型

雕型从意临天下，
塑手衣冠神有加。
大抵铸成梦中画，
师随蓬仙定天涯。

雨夜

烟树平林夜雨停，
雨逸微渃入清风。
情思一缕婉秋月，
怀添感悟浣溪声。

朦胧

晨光瑶烁沁花田，
曦沥朝霞雨阑珊。
朦觉江心笼秋色，
胧看水泊一只帆。

艺术圣殿

艺感时人读诗书，
术感还乡椎世无，
圣贤草庐出智者，
殿浮云海望日出。

快心赏月缓目舒，
乐隽谐趣展画幅，
无限诗情来如许，
限随春意化媚妩。

四六文

半湖秀水半山幽，
一片江岸一轮秋，
四顾玲珑繁星走，
六江皓月满沙洲。

三山墨绿璀清幽，
五岳儒韵诸公侯，
七彩虹霞架天路，
九衢巫峡月如钩。

茶香

茶仪润雅淡春香，
茗茶剔绣慧名长。
锦囊妙授惊新月，
陶杯茶溢煮三江。

数字歌

正月闹新春，
二月备耕耘，
三月桃花开，
四月雨纷纷。

五月食香粽，
六月杏花村，
七月蝉蛙声，
八月桂香醇。

九月秋风起，
十月枫红林，
年终多收获，
佳节聚欢心。

肆

梦境悠长

暮霞唱晚

落霞照西山，
绚彩色斑斓，
天高雁飞绝，
金笔画峰峦。

雨沛春风暖，
草新花盎然，
鸳鸯栖春水，
燕过声回旋。

野菊花漫山，
松鼠跃坡前，
彩蝶绕花舞，
蜂飞酿蜜甜。

池水金漪涟，
松柏障壑渊，
树荫翠掩绿，
松果枝叶繁。

春瀑落幽潭，
川流喘蚰蜒，
林树霞光泛，
细物润天然。

锦鲤河滩浅，
芦花白漫天，
春晖映沃土，
极目长放眼。

年华渐走远，
故事入诗篇，
青春谈无悔，
孤鹜霞一线。

独坐天地间，
谁与话当年，
沉思多感念，
坐拥红林晚。

夜色

星际浩瀚明月光，
梨花锦簇柳丝长，
长夜寂静多遐想，
一敛春梦入花乡。

松涛林海夜茫茫，
树影玲珑巧呈祥，
花香皓月夜色美，
情思春水一脉长。

霞光

云含雨色渺江天，
帘垂雾霭花自怜，
偶来闲暇释秋趣，
清风雨顺踏夜寒。

松涛桂影月阑珊，
翠竹画影入玉潭，
霞光余照万千束，
红云浪卷望归帆。

雅趣

健笔书卷说千秋，
美图婉转韵长流，
怡然气缓常自敛，
情怀皓月自追求。

雅观桃林风光秀，
趣看柳岸绿枝头，
共论家国谋长久，
享赏晴日邀春游。

瑶苑

瑶苑仙香惜春光，
彩云遮月漏夜长，
斗高天阙尚时短，
满目琼幡即醉乡。

晨雪微朦淡月光，
曦媚春意不堪藏，
晓来对酒三分冷，
雾起梅蕊四月香。

无题

雨夜春晓花蕊开，
水幕天光影徘徊，
蒙山翠柏天一色，
蒙雾花州鹤飞来。

花红柳绿梨花白，
草径芬芳争相开，
青峰远影碧空尽，
青锁春山爽气来。

红云彩域几浮空，
霞乳孤飞渺从容，
山峡葱茏花千树，
影随风动逐山风。

目眩堤岸柳如烟，
爽气吹朔巧余旋，
神定长峰长放眼，
清池晓月水潺潺。

头顶芭蕾

头含宝琴拨玉弦，
顶飞白鹭入天边，
足踏脊梁天地站，
尖立肩头美无限。

孔夫先哲史为鉴，
雀罗红苓古月天，
屏开百曲金丝络，
展沐红霞映峰峦。

绚则昌盛兆丰年，
丽日佳节喜意添，
灿烛中夜俏心语，
烂麦熟稻满西川。

唯有月树玲珑间，
美人琵琶落玉盘，
画眉纤指乌簪发，
面看风采秀可餐。

暮色云霞

暮霞尽染远峰山，
色屏画绘红斑斓，
庄户农家春日短，
园林初雨竹枝寒。

灯火初上映蓝天，
火烛篝烟对晴岚，
阑干画栋天一色，
珊琴枝弦曲自弹。

红紫楼前草径宽，
云深雾霭翠微然，
浸空云下天静好，
然海风月韵中含。

黛色山高一霁天，
色聚风来云聚散，
云深翠草春塘远，
烟锁平湖夜不还。

听潮

蓝翎春徊暖云香，
天台觑步夜深长，
海韵潮升助涛涌，
湾水情思入梦乡。

绿草如茵月盈窗，
水漫沙堤雨清凉，
青林翠柳烟霞尽，
山色阑珊晚披裳。

鸟啼嫩草淡芬芳，
语随风铃话春忙，
树影婆娑含初涩，
灿花忽泪雨长凉。

天域浩瀚史卷长，
地阔宫徵角羽商，
妙怀知遇弥珍贵，
煊玉榷存一点香。

四季

春暖梨白桃花红，
日出晨曦林中风，
雨后斜阳初嫩草，
霞光飘彩道晚情。

夏夜轻舟下西关，
古寺寒庭月中帆，
时光流逝日荏苒，
月转星移夜缠绵。

秋花锦绣雨芙蓉，
天高爽目墨云峰，
疾风扬蹄踏秋去，
红枫美景又一程。

冬日霜寒锁江头，
落叶黄花百花休，
梅花独绽迎霜雪，
飞雪扬花到京州。

仲夏夜

仲居顺意暖画屏，
夏逢寒曦亦宽松，
月宫鹊桥游惬鹤，
明湖水凝缀浮萍。

树冠成荫露花浓，
影枝凋零润潮声，
玲酩古月花堕泪，
笼翠新蟾缓水汀。

夜月葱茏渡新亭，
色黯荻花秋梧桐，
朦露枝疏孤芳在，
胧窗细语月含情。

雨雾纷飞落中庭，
打炉望云听松声，
芙榕白壁西山好，
蓉沙鸿鹄望江亭。

夜玲珑

夏夜风轻月儿圆，
盘花小径入洞天，
半酣草木刚入梦，
花枝凝露水初妍。

树影玲珑漏夜新，
凭窗小坐望长云，
春塘竹林绿浓郁，
清香一缕细无痕。

盼秋

弯弓剑落清水潭，
月浮舒云渺江天，
如语桃花尽春色，
钩影繁花一梦含。

溪川倒影峭壁岩，
水波潋滟走廊船，
长若江河顺天意，
流入春溪各自然。

树影松鹤落日闲，
影都幽月惬意添，
婆姑门前锁青草，
娑箩长夜绮画阑。

枫枝霜凋秋意寒，
叶华凝露薄衣单，
晚看风情关山月，
秋听牧笛起炊烟。

田园

天高风清云淡，
田园霞光溢满，
金黄覆盖山峦，
水色天光一线。

白云衬托蔚蓝，
野花盛开灿烂，
瓜甜果鲜野餐，
青草璀璨无边。

月亮伸手可探，
绿波浮着青山，
池水漪涟红染，
湖中繁星点点。

乐曲韵动感染，
稚儿喜笑欢颜，
酒醉酣畅浪漫，
最爱仲夏傍晚。

初秋

月落芦花晚垂霜，
夜幕含羞渐秋凉，
繁花竹茎初凝露，
星移画栋漏夜长。

秋来风雨未经霜，
意色峰峦水一行，
阑屏更展花千色，
珊瑚潮汐映天光。

紫翠崎径淡秋芳，
荆草柔滑入萧蔷，
箩蓿叶蔓梳倩影，
阑风吹煦蒂含香。

碧月荷塘晚秋装，
水乳日月晓更长，
兰溪草岭迷蒙夜，
天幂逍遥梦无双。

舞动

眩目山色画意浓，
舞雩绚丽入花丛，
栖鸿雀鸟知相会，
婵娥提篮邈月宫。

韵魅荷塘老梧桐，
意展长枝缀郁葱，
秋月相思瞻观夜，
含风玉湛落月松。

丁香

红匀绿瘦满丁香，
霞霏水泊淡鹅黄，
雨声欣然贯秋意，
潭石花雕月影长。

飘然含笑画丹青，
逸趣颜辉论谁凭，
曲径何然惆怅起，
旋霓五彩妙其中。

橘乡

喷花香橙挂斜阳，
薄妆倩丽满庭芳，
朝赏枝硕秋夜短，
阳看果岭夜雨长。

金弥紫荆橘花香，
色染藤蔓旧柴房，
橘林泉水牧笛远，
乡邻暖意切情长。

莲梳秋橘数千行，
藕花菀柳溢果香，
荷叶红蕊山草绿，
塘浅烟雨繁枝黄。

晨栽秋红晚披霜，
霭烟摆酒菜根香，
花开花谢感怀起，
香入帘栊泛长阳。

蓝色多瑙河

圆号吹响晨曦，
轻柔颤音小提，
华姿漫步舞曲，
音画绚丽神奇。

河水清澈见底，
两岸青翠美丽，
山水交融醉意，
险滩激流喘急。

铜管辉煌壮丽，
如歌如诉大提，
音部起伏交替，
贝大雄浑托底。

梦幻炫妙旋律，
婉转轻松启迪，
施特劳斯舞曲，
音乐瑰宝传奇。

夜宿熊湖

夜宿熊湖雪山城，
峰回路转水泥泞，
迷雾团团疑无路，
万丈沟壑险环生。

寒风凛冽云压顶，
雨雪风暴马奔腾，
林海松涛声撼动，
水波轰鸣涛汹涌。

厅堂豁亮灯通明，
春风吹面暖融融，
隔窗静看风雨夜，
壁炉美酒醉意浓。

朝阳初照天色红，
湖光山色映水影，
遥看峰峦千般色，
雪岭松枝入画屏。

春之声·藏头诗

桃花凝露静不暄，
李婷玉立俏无言，
春播恰逢及时雨，
天赋耕耘水凝含。

杨枝嫩柳花满川，
柳叶清扬鸟飞繁，
堤边垂钓寒江雪，
岸观烟波入江帆。

渔舟雁影画屏展，
歌起云峡婉余旋，
唱徊虹起三千里，
晚暮红霞楚江天。

瑞云腾旭玉婵娟，
雪岭松鹤续禅缘，
丰润阖家说心事，
年夜佳时赏月圆。

翠堤春晓

翠湖潋滟画屏山，
堤柳扬花飘自然，
春桃梨花重相会，
晓踏山乡野菊繁。

迁渡万水入洞天，
徙赴千山返依然，
群芳草岭雁声暖，
鸟翔山壑缓悠闲。

河莲亭榭暮色晚，
流溪浅游静睡莲，
古域沧桑说委婉，
堡桥灯火晚归帆。

晨曦烟旭紫云川，
雾霭梦境云松晚，
缭绕坐看山幛远，
绕岭春光恍若仙。

晨曦

晨揽诗书晓窗明，
曦纱幻梦小园庭，
牛场翠绿花枝灿，
铃响马蹄意传情。

暮影烟波水沂蒙，
听栖候鸟鸣几声，
晚风凄凄催秋梦，
钟断街衢晚霞红。

春雨薄纱踏清明，
花蕊初涩枝半生，
谷鸟啼窗唤春曲，
雨声潺潺淡梧桐。

秋高明月竹色青，
枫叶知秋暖画屏，
月影楼台独黯然，
明月湖光酒一盅。

夜

漫步桃花源，
灯火已阑珊，
桂花淡清香，
草岭睡安然。

月牙镜高悬，
星宿繁璀璨，
荷塘春草细，
蛙声起漪澜。

燕雀知归巢，
栖息林树晚，
寒塘怯凝冻，
天爽晓气干。

几棵黄橙树，
数亩百草园，
菜蔬清脆色，
瓜果脆香甜。

松柏枝茂密，
果熟香飘远，
研笔吟新词，
泼墨画山峦。

清明上河图，
百姓居团圆，
平安传社稷，
宗族续繁衍。

清夜美如绚，
独步荡悠闲，
邀亲共此夜，
浊酒长祝愿。

年华

经世倍感思念深，
旧酿老酒味甘醇。
鬓白犹念少年事，
啼血年华且重温。

彩云凤凰

祥云下夕阳，
龙腾啸飞翔，
彩笔描余晖，
飞天火凤凰。

晴空彩云长，
想象飞翅膀，
自然展奇妙，
兆头送吉祥。

落日残阳

落日余晖照寒窗，
日末林稀草庭房，
残花一片暮秋色，
阳树孤芳影成行。

秋风吹朔枝挂霜，
意趣阑珊黯心伤，
寒秋无尽玉黛雪，
凉寝薄裘夜漫长。

草庐幽静桂花香，
径绕溪水竹篱旁，
花影渐随秋色去，
房前桦树月青光。

落红纷疏景金黄，
叶飘郊野逐新凉，
池边月色芦花影，
塘前孤寂玉檀香。

秋色金黄

枫枝霜叶晓庭轩，
庐叶金黄彩斑斓，
金秋颜色无限好，
黄菊红叶巧争妍。

秋幕轻纱草叶鲜，
雨后红霞彩云盘，
寒烟初雪晚貂冷，
凉寝深秋早裘寒。

晨钟低鸣破晓天，
曦影缭绕万树寒，
迷山难辨来时路，
茫水待风起高帆。

遐想依稀凭初念，
思乡怀梦温从前，
悠然愁绪挚倾诉，
长叙欲说却无言。

暖秋

天高水阔照秋明，
层林千色润潮生，
山菊烂漫伴高树，
野花绮丽脉含情。

红蕊霜叶漫山亭，
鲜橘葡萄话秋丰，
阔叶梧桐婷玉立，
翠岭山歌丽人行。

风涛松柏山麓明，
暮色天边诗韵生，
山溪飞瀑水飞溅，
鸿雁高飞远鹏程。

秋凉气爽品香茗，
久坐长思静心听，
旧友新逢相拥泣，
月下畅叙到天明。

雨

翠竹雨色晓梦长，
峰岭水泊淡墨香，
新妆画眉入节气，
绿野松涛听回响。

小河寒夜水茫茫，
雨打芭蕉叶青霜，
淅入秋水含初雪，
沥洒花樽润书房。

玲珑剔透白月光，
珑雪梅花感衷肠，
雨色空蒙琢诗韵，
滴泉盘花绕闺房。

朦山细雨寒气爽，
胧雾花丛一缕香，
冬含雪岭纯一色，
意随爱恋感深长。

湖光山色

梅竹山岭草木深，
湖光水榭鸟依林，
悠然一梦初醉醒，
山花依旧羞见人。

瀑布飞溅下西村，
细流浅缓水无痕，
梅枝翠竹迎旧客，
竹篱老屋古犹存。

炊烟袅袅小竹林，
雨露滋润视野新，
野菊怏然婷玉立，
伫闻桂树妙芳芬。

幽情陌陌缓舒心，
阳谷蓝天望长云，
芳华永葆花生色，
情怀常在地作春。

天鹅湖

深邃舞台天碧蓝，
谷雨盘花绕兰轩，
幽怨青丝花笺书，
兰若相如入洞筵。

牧笛青霞藤萝圈，
童子扬鞭一笑然，
唱绝声远痴若梦，
晚晴落雨化秋烟。

英侠吟唱水婵娟，
伦馨香苞巧自研，
古寺清香留远客，
典雅林木舞翩跹。

欧乡丹霞树萧然，
陆曲蜿蜒通天边，
风月无情同岁末，
范蠡独傲垂钓湾。

海島情

海潮推玉浪，白帆飘遐想。
棕榈吹翠绿，润土韫芬芳。

海风催清爽，细沙软慈祥。
涛暖飞海燕，红云透霞光。

蔬菜呈鲜亮，瓜果润喉肠。
新谷酿米酒，柴锅煮羹汤。

雨后生春笋，植被灌新浆。
四季播稻谷，菽熟拔萸长。

金风掠回廊，百草舞欢畅。
湿润入肺腑，清爽沁心房。

沙滩起暮色，脚印踏两行。
群鸟唱欢声，轰鸣退潮响。

伍 宋词欣赏

行香子·秋与

夜踏秋风，烟雨霜浓，
月影轻，雾霭朦胧。
远峰叠翠，山水从容。
看落叶黄，橘香橙，枫叶红。

万籁俱静，独步花丛。
忆初年，青春华发。
年华易逝，荡与秋风。
感秋雨夜，落叶声，恬入梦。

鹊桥仙·秋趣

暮底风凄，长空秋色，霞万里远峰淡。
雨梧桐秋树满坡。
登楼台，亭台俱寂。

松林雾嶂，从峰归燕，望夜空心初怡。
寒风起骤冷平川，
风铃远，遐思秋趣。

行香子·盼归

萧雨梧桐，朦胧洞庭。
霜雾起，林翠仙踪。
花钿柳浪，羞涩嫣红。
看芦花白，野花繁，玉葱茏。

竹林雨夜，石阶草棚。
秋风寒，落叶残红。
年华无悔，辞卸归蓬。
念少年志，青春梦，始初衷。

鹧鸪天·秋日

九月秋爽桂花香，
皓月高悬满庭芳。
涧水清澈栌红美，
峰峦秀媚柳盈窗。

中秋月，宜遐想，
壑谷幽林感初凉，
舒目长天圆月亮，
且看坡前野菊黄。

鹧鸪天·红螺寺

深秋暮色晚庐红，
天际浩渺望苍松。
寒潭清澈鱼见底，
红螺古刹闻钟声。

秋已尽，入隆冬，
年华岁月伴苍生。
北望长天歌一曲，
大雁南飞顺北风。

行香子·博鳌

小雨阑珊，海风佛面。
棕榈无言，小径洞天。
涛声吼，白浪拍岸。
云雾莫辨，大气浑然。
念岁蹉跎，千古缘，终一叹。

海域沙滩，风情水暖。
霞唤归帆，红云浪漫。
海故事，年华荏苒。
渔村梦幻，沉睡千年。
感桃花源，花如许，绿如蓝。

行香子·海上月明

轻舟西行，落霞潮鸣。
金秋月，浩渺万顷。
沉鱼秋雁，沐浴清风。
沐初寒露，夜葱茏，月长空。

浊酒高擎，惬意满蓬。
儿女情，共赏月明。
春华秋实，拥你怀中。
钓一轮月，一帆情，一帘梦。

行香子·情浓

秋月长空，枫叶正红。
聚众星，缓曲动容。
为你守候，爱情永恒。
听绚美声，磬如钟，归家情。

牡丹美景，情浓亲朋。
在征程，举杯几盅。
心曲想通，伴君一生。
正秋光好，满京城，酒绯红。

沁园春·南海

碧海青天，红霞浸染，海岛千年。正潮汐汹涌，浪花飞溅，白沙红珊，龙幡宫殿。云聚云散，皓然长天，气吞万里海蔚蓝。风吒起，系家国尊严，微责匹夫，众志岿然。

朔追古史千年，明清画卷渔家唱晚，探史料浩繁，古迹碑砚，野史典籍，主权明鉴。观音涵情，版图渊源，法理帷幄功内敛。儒生谏，詹文韬武略，大国风范。

行香子·惆怅

夜风清凉，荷叶池塘。
雨滴飘落，花蕊飘香。
万籁静，雕刻时光。
美在梦境，深思遐想。
几分惆怅，几度凄凉。
拈一杯茶，一支笔，一炷香。

偶坠沉沦，期盼阳光。
淡然荣辱，执念衷肠。
坎坷路，步履铿锵。
初心永在，信心展望。
才学勤勉，铸梦情长。
含鸿皓志，待风来，高飞扬。

沁园春·功业

暮色青蓝，画笔浓染，几道峰峦。正霞光万丈，树影阑珊，奇石光影，水波漪涟。古道炊烟，青草璀璨，牧笛唱晚霞一线。舒画卷，归鸟雀鸣，层林尽染。

回首岁月荏苒，经跌宕回荡百艰难。殊死而后生，披荆沥胆；风雨筹谋，铁筑营盘。己不承担，谁替风寒，华山独路千仞险。功业事，历逆风行舟，回眸已远。

貂裘换酒·乡思

无端说旧事。随风起，一世坎坷，半生飘絮。落入尘间无觅处，几度绝地逢生。更难言、风霜雪月。与谁松下共茶叙，听鹤泣、壮怀犹悲切。箭飞处，无归路。

故国一去长离别。望天际、残星几点，乱云飞渡。青少不知情何物，空余青丝白发。春秋事、笑泯恩仇。踏遍千山情犹在，惊鸿瞥、啼尽杜鹃血。霞归处，心难却。

行香子·晨曦

晨曦寒凉，雾霭飘荡。
翠绿掩映，落叶池塘。
芦花丛，曲径幽香。
秋雨匆忙，露水滋养。
惜孩时梦，童幻想，旧时光。

喷薄朝阳，万亩霞光。
鸟鸣树颠，玉树含香。
远山望，视野明亮。
话语舒缓，寓意深长。
爱寂静夜，黎明前，醉梦乡。

念奴娇·传奇

雁鸣秋鸿，向谁叙、阅尽千古风流。
山川故居，槐花香，城南小花竹篱。
春堤石桥，翠柳白絮，醉看松枝低。
云散云聚，坐拥红霞如绚。
偶有惆怅低诉，总把归篷帆，逢生绝地。
水覆难收，无归箭、多少英雄扼腕。
壮志难酬，树葬忠骨，莫辜春秋笔。
江山依旧，风中吟颂传奇。

念奴娇·驼峰航线

春城故里，君长息，驼峰月高风急。敌寇压境，无喘息，民族危亡旦夕。银蜂雪谷，山峡穿梭，叹坠毁雪域。报国捐躯，无惧天高地远。

珠峰悄然屹立，航线殊死离，情泣鬼神。月色银光，追思处，无葬英骨长息。千古缅怀，气吞山河，今人可知否。陈年往事，春秋长书一笔。

拜星月慢·曲赋

月镜高悬，浩宇星瀚，独钓一湖夜色。
烟雨巫峡，引壮怀曲赋。
江山画，春染，古桥斑痕依旧，故里悄然变迁。
长天一色，望青山百翠。

历风雨，天寒知冷暖。
成败事，人生常独叹。
东流逝水难复，莫悔征途路。
梦旧时，思乡情肠断。
抚今朝，欲说无人谈。
阑珊夜，钟鼓萧瑟，伫听风铃远。

唐多令·月夜

月夜自凭栏，归巢雀鸣檐。风徊廊，细览葱茏。翠影竹亭小径掩，春塘满，水涟漪。

千古独一叹，欲说却无言，夜阑珊，英雄思暮。醉里灯花重看剑，且长吁，抚乌鬟。

玉连环·感怀

烟云古巷，青石桥，黄栌灯影，小扣柴扉。古迹曾知否，物旧人非，风中犹叹年华，坎坷风尘路，雨夜未归人。余光残夜，钟声萧瑟，黯敛秋花。

小酌茶苑清芳，香气淡，雕檐飞龙玉宇。看紫气荏苒，悬桥斜影，暮寒小径盘花。又楼台赏月，品人间百味。慢捻琴瑟，秀色山乡，惬意感怀。

鹊桥仙·清东陵

皇陵孤雁，衰草斜阳。往日缤纷难诉，生前身后任凭说。诉未尽，爱恨恩仇。

千古风流，情归何处？伫听马蹄声碎，远影灯花淡幽怨。残垣壁，晨钟暮鼓。

水调歌头·钟山

长江水茫茫，钟山感苍凉。古都廊桥依旧，漠漠水云黄。几度城旗变幻，兵戎鼓角争鸣，残壁老城墙。虎踞龙盘说，跌宕风云榜。

千古事，煮酒时，定天下。征杀铿锵剑戟，且听帐内琴瑟。生死千钧一发，剑舞饮酒正酣，旆貂耀天光。无为治千军，醉卧旌旗扬。

行香子·醉杭州

皓月初秋，妍丽神州。苏堤畔，烟花翠柳。水花飞溅，舞步轻柔。邀李杜吟，东坡叙，诗依旧。文渊江绣，浣纱归舟。霞飞处，古韵蜃楼。西子秀美，落雁双眸。谋春秋事，山水情，醉杭州。

玉连环·秋赋

暮霞斑斓，南飞雁，归来晚秋。
夜雨梧桐，细听潺潺雨滴。
榭台琴瑟凄婉，寒溏萧索夜疏影。
青峰，月初照，石桥竹篱人家。

韶光旧日，意缠绵，阑干拍遍。
归根叶落，桃源魂归梦牵。
绮弦歌啭，醉卧榻酒旗杏花。
堪看，柳枝蔓，羞花落雁。

惜秋华·望长空

暮霞一色，望长空，鸿雁归时秋晚。层山尽染，霜枝意婉缠柔。黄雀林梢唱晚，松涛林海肃穆。长啸，激荡壮怀，迟暮英雄鬓发。

远长山峻岭，诗韵引豪情，感日月飞梭。舒玉骨，舞青剑，飘然隽逸。青涩韶光犹在，纳西风，何须空叹？无悔，崎岖行，赏山光秀色。

唐多令·梦园

碧水绕幽轩，鸟鸣庭树间。步回廊、悠览何园。六角小亭波影泛，鱼戏逐，客调弦。

凭酒倚朱栏，曲柔人意牵，任心驰，飞渡关山。玉绣楼中情寄月，相思渺，梦翩翾。

风流子·春

晨曦河堤馨柳，踏春桥头。绿水清，荷花秀，泓展涟漪。

风绿半堤新柳，又是踏春时节。行溪水，过红桥，伫听清弦雅奏。亭秀，湖瘦，一梦春思依旧。

鹧鸪天·寂寥

落寞夜雨风寂寥，梧桐草径小石桥。怡情小趣借诗韵，轻捻画笔画春宵。

鹤婷立，绿禾苗，漫游仙境玉兰桥。浑然一梦三更醒，月移窗前影萧萧。

唐多令·苦恋

仰首望长天，画景何须笔砚。山峦青涩一线，最是清明，清澈潺潺，急辗转离别久，心中亦苦恋。

江山画，成景何须笔砚。聚时难，相对却无言。最爱是，平淡如水，细流婵娟。

念奴娇·莫辜春秋

雁鸣秋鸿，向谁叙、阅尽千古风流。山川故居，槐花香，城南小花竹篱。春堤石桥，翠柳白絮，醉看松枝低。云散云聚，坐拥红霞如绚。

偶有惆怅低迷，大风满篷帆，逢生绝地。水覆难收，风低鸣、多少英雄扼腕。壮志难酬，树葬忠骨，莫辜春秋笔。江山依旧，风中听颂传奇。

贺新郎·雾看花

人生莫悲泣，
总有山高水低。
翻天覆雨，
绝地逢生再启。
昔日雾里看花，
时难辨虚情假意。
听谗言陷迷局，
一双慧眼谁人借予。
人依旧，情何昔，
拔剑击水飞溅起。
斩旧情，重砚笔墨，再拾童趣，
何须难舍苦别离。
悱恻徘徊，情长儿女，
马上四方任君骑，
雁飞长空志千里，
乘绿波载情，青山着意，
上征程，随天意。

鹧鸪天·春花

霞光雨润彩霓裳，
玉润珠圆郁金香。
怡情小趣传诗韵，
轻捻秀笔描春妆。
桃花粉，紫丁香，
仙境曼妙拢芬芳。
悄然一梦三更夜，
树影婆娑月盈窗。

唐多令·岁月

夜雨梧桐，悠岁月，
万山青翠，名伶何在？
小楼风云几度，纵然情怀。
孤女难撑军中事，独身奈何春秋。
硝烟散尽，鼓息旗偃，风中萧瑟。

松柏静肃黯敛，望尽群山千色。
联纵抗衡细谋，舌谏盟国力挽，尽现巾帼本色。
时光荏苒，红云落寂，阶石萧瑟。

虞美人·苦涩

城头王旗月色看，
亲切心呼唤，
魂归梦牵忆当年，
耕耘勤勉苦涩独吞咽。

花蕊芬芳叶丰满，
文武满朝官，
欣慰一锤定江山，
驷马春山暮色观飞雁。

大业落定归田园，
亲情感依然，
欲谈还休泪花泛，
不堪回首记忆已云烟。

凄婉

寒雀栖枝头，
影单窈窕瘦，
依旧红素手，
凄婉度春秋。

枫叶寒秋后，
水影月如钩，
寂寞旷日久，
不觉已白头。

陆

景致风光

甘泉

天池映蔚蓝，
三江系水源，
松柏擎乾坤，
长白衔云端。

银河九天落，
龙腾虎啸川，
冰雪驰千里，
岳桦铁骨坚。

圣山迎彩霞，
自弃酿甘泉，
椮娃林中舞，
麋鹿坡上欢。

月寒银霜降，
层林尽红染，
巅峰云萦绕，
仙境蕴禅缘。

绒花

绒花白帐天际悠，
雪宫空灵懿深谋，
朔漠苍天须斟酒，
仰啸长天欲封侯。

瑞雪

瑞雪辉映照铁靴，
虎啸雷鸣一尘绝，
松谷云霞梦幻影，
峰壑无垠天地接。

春雨

风黯烟云怨雨凉，
萧簌吹冷廊前霜，
春梅满庭花千树，
倩影兰花枕边香。

阑珊

风月应时晓气乾，
疏影画栋照清寒，
残花万点自春色，
云峰千里映阑珊。

春秋

春夜桃花美难收，
茗枝掩翠映层楼，
吴侬软语情脉脉，
寄语蕊蕾欲含羞。

夜飘桂香月如钩，
疏影画屏景清幽，
枫叶荻花清风透，
叶落寒水一潭秋。

鸽巢球场

青霄云气见绯红，
水阔升兮万云空，
湖海深邃初新月，
畔柳婆娑鸟无踪。

阳平月好起飞鸥，
光影叠嶂尽逍游，
灿红不妨悄然醉，
烂花山色魅深秋。

鹰隼千华若不同，
鸟啼莺语尽飞空，
盘东烟翠惊回首，
旋赴高岭月明中。

果林雾霭起飞鸿，
岭下云起聚卧龙，
花露凝眸羞不语，
艳翠山花岭西东。

听潮

潮汐渐远秋夜长，
水天迷雾两茫茫，
北望苍髯归思客，
落花寒径夜风凉。

白帆

海阔云高白桅帆，
风起潮落势如山，
偶有诗情泊新感，
椰枝树影绿浒湾。

沟壑

沟洼险峻猿难攀，
壑底青峰鸟回旋。
高坡悬岩莺不过，
地势陡峭隘无沿。

松柏

松鳞依旧绿踪仙，
柏深茂盛根相连。
饮刀一快身后事，
留取清名后世谈。

雨后

大风吹雨后庭寒，
云聚云散水墨间，
潋滟池水映天色，
静看落霞满月盘。

残红落叶草泥喃，
彩虹暮色悦目宽，
风暴洗礼春光好，
雨后清爽翠青蓝。

白云

白枝花蕊几分春，
云迹轻舟玥梅辰，
浮萍涧水随飘落，
现树空灵几浮沉。

天壁画栋题有痕，
空寂顾影望残云，
湛然风月初心在，
蓝绿相间警世人。

夜清幽

海岛椰林夜清幽，
南国异趣满汀洲，
海风吹佛细沙软，
潮声澎拜听依旧。

乌云压顶雨忽骤，
亭台湿漉水横流，
草树椰林逐新意，
海天一色绿无头。

春光

春光秋月梨花开，
霞光绚丽飘异彩，
亭台楼阁人耸动，
辣妹几排俏身材。

绿野仙踪百花开，
西风一曲抒情怀，
心情愉悦天色好，
天地浑然大舞台。

柳浪如烟

薄雾轻曼柳叶鲜，
黎明静寂悄无言，
草木清新香扑面，
嫩竹滴翠醉心田。

朝霞初照爽晴天，
春光笼翠小渔船，
小桥石阶垂杨柳，
秀女婀娜花依然。

春游

笔砚烟花书真情，
墨囊宝典趣横生，
飘然秀丽赏美景，
香溢春草卷留名。

文轩夜话岳山亭，
客起红霞影遮松，
话得宏愿相鞠首，
长矜倜傥志成城。

诗歌激赏初心萌，
情怀小愿随西风，
画船雕栋青山影，
意载龙舟画中行。

龙须鹤颜喜相拥，
文采诗文两相浓，
华筵辉煌春常在，
章节曲赋赴鹏程。

春塘

晨星日照深，
雨露草清纯，
白鹤孤自傲，
春塘浅飞临。

松柏莽森森，
薄雾逐清晨，
高岗映日月，
人迹绝无痕。

峰峦春草绿，
感怀潜入心，
归鸟知冷暖，
迁徙又一春。

桃红

料峭风初停，
百花露从容。
青翠杨柳绿，
迎春见桃红。

残月

孤帆远影海风吹，
碧海空灵水云随，
灯花剪影风吹乱，
雨后虹桥彩云追。

白沙细浪海风吹，
小岛浪漫夜色媚，
潮声阵阵催入梦，
月空碧透洒银辉。

潮

潮声翻滚雨声凄，
波涛汹涌浪花急，
乌云散去虹桥起，
水光天色出神奇。

风卷浪花乱云低，
瞬观雨歇影迷离，
且看潮落复潮起，
日月轮回无悬疑。

兰亭

红霞余晖照兰亭，
黄栌枫叶巧相融，
江纳百川终入海，
秋菊梅花异存同。

最爱百鸟戏梧桐，
歌喉婉转万花丛，
礼貌相让尊传统，
善待他人古文明。

寒梅

雪岭高原冰玉洁，
梅蕊暗香且独傲，
寒梅傲雪多奇妙，
雪域花红品格调。

烟雨

傲然诗酒得闲留，
雨漫山林独清幽，
霜伴松涛惊一梦，
梅随烟雨入汴州。

翠竹柳岸晴若春，
湖光水榭淡薄云，
云来一醉初梦醒，
峰上青云飘入门。

枫林晚

月初上，影斜长，暮色苍茫小村庄。
枫林晚，槐花香，醉在归途小径上。
花清亮，柳丝长，竹篱柴扉草厅堂。
故乡情，长相望，芳草天涯在远方。
迁徙鸟，雁飞翔，情丝万缕步匆忙。
心回想，多感伤，梦中怀念意深长。

柒

游历四方

恩施天堑

天堑古传言，
蜿蜒通云端，
千仞入云霄，
纤手玉带牵。

险峻神仙叹，
空谷听啸猿，
陡峭惊鹰鹞，
绝壁万丈难。

翘首壁峒天，
低眉脑晕眩，
虎狼难攀缘，
闯关豹子胆。

一步一惊险，
峡谷一命悬，
半空天无助，
雕刻白云间。

九死过百难，
天路直通天，
鬼斧神工赞，
天骄千古谈。

俄罗斯

白桦树秋黄，
森林淡冬装，
晚庐映枫影，
窒息美神往。

红顶小教堂，
山岭雪深藏，
旷野疑无路，
小径远悠长。

黎明静悄悄，
冰河绕篱墙，
画卷凝静美，
痴迷入遐想。

冰塑玲珑塔，
雕刻旧时光，
一首船夫曲，
悠悠古传唱。

俄式浪漫曲，
侠骨黯神伤，
国情多忧患，
小调缓悲怆。

民族多才俊，
国弱积内伤，
重塑大国梦，
征途路漫长。

彼得堡瑰丽，
莫斯科晚上，
传承凭底蕴，
文化皆素养。

历史细品味，
进退互担当，
悠悠俄罗斯，
坎坷愈感伤。

橙县

橙桃仙子晚啼鹦，
县庭花舍雨后明，
最爱峰山丹青秀，
爱若溪流广寒情。

商山浩水晚迹平，
场环人气水云生，
豪气本成知国事，
迈经拼得史留名。

高云积雨复初晴，
级阶阑干敞翠屏，
品藻幽香人自在，
牌云聚散月分明。

宽白青山载酒行，
阔觉疏慵冷寒汀，
气吞江湖春水满，
派深翻海润潮升。

夜宿

绿沙洲，
晚清秋，
月光如水静悠悠。

三更夜，
梦中游，
清寒苦涩宿沙洲。

芦花飘，
风清透，
孤影寒灯淡清幽。

烟雨楼

依依墙边柳，
婷婷烟雨楼，
古朴入画卷，
红妆映双眸。

古堡青山口，
厚重百年修，
围堰起高楼，
古松满山头。

小路花清幽，
娴声话轻柔，
山涧水清澈，
残阳引乡愁。

博鳌

博鳌香城菠萝枝，
润风细雨绿入时，
季雨吹拂沙滩暖，
海天一色靓如痴。

椰岛风情

椰树堤柳入眼明，
岛环空寂细无声，
风含树影夜恬静，
情传久远旧时名。

涛溅斜阳水轰鸣，
暖水激波海风腥，
潮起推波荡百里，
平沙秋地唤无名。

烟霞雾起绿浮萍，
雨露滋灌润草生，
街衢路断魂牵处，
亭榭寒鸦啼几声。

草畔浪花雨意浓，
木屐绕阶蛋花清，
从长皆落水墨画，
容雍华冠笔端情。

京郊

潭松挺拔寺清香，
柘柏沉稳叶青黄，
空崖涧断飞流下，
灵寂无声素禅房。

戒堂高阶诵吉祥，
台院古刹叙沧桑，
淡泊清茶叁自省，
雅时读经典籍长。

水城夜深寝未央，
镇阳暮霭缓悠扬，
妩桥初缀江南趣，
媚渡小坞载村庄。

雾曦升腾感忧伤，
灵隐玄妙诉衷肠，
神庚细数话苍生，
奇世道来望天亮。

波斯古城

波裙红袖锦衣绸，
斯域华韶遍沙洲，
文宗武圣呈异彩，
化入青烟亦风流。

异国开疆万古谋，
域外军征战无休，
风鸣雁泣刀枪戟，
情系传奇史封侯。

大漠铁甲貂锦秀，
漠尘千里骨难收，
黄墙宫柳今何在，
沙掩碑石弃荒丘。

古迹红墙史悠悠，
韵含神奇说从头，
天助功勋将士血，
长报君王一剑仇。

海湾

静寂海湾，
几片白帆，
夜幕璀璨，
灯火阑珊。

皓月天边，
浮想联翩，
瑶池美酒，
仙女翩跹。

白色沙滩，
朝霞漫天，
海风扑面，
细浪推岸。

海天一线，
心怡舒缓，
长空无限，
坐看云天。

鼓浪屿

暖风轻吹岸，
天阔海蔚蓝，
海鸟欢声唱，
礁石浪飞旋。

暮色彩虹天，
几点小归帆，
惬意心荡漾，
渔舟唱霞晚。

小岛夜阑珊，
渔火灯浪漫，
老藤红棉树，
长须说委婉。

名人楼依旧，
街牌诉渊源，
悠悠万国城，
温情小庭院。

大师孕育地，
音乐祖家传，
家族遍南洋，
古迹究深远。

品茶竹林下，
芒果润香甜，
尊崇郑公像，
思明意非凡。

戚戚侨乡情，
古巷景依然，
悠悠恍隔世，
民俗明清前。

滨城欧洲范，
鼓浪推波澜，
故事品情怀，
韵味久流传。

塞北

塞北坝上薄暮天，
大漠胡尘起狼烟，
城旗虎蟒映明月，
悍将擂鼓战犹酣。

百里营帐驻关山，
风低牧草马前川，
夜醉挑灯独看剑，
誓杀胡虏令当先。

情满河滨

细水小河湾，
绿荷颈叶满，
桃花唤春意，
柳叶挂窗前。

漫步桂花园，
香味润心田，
折枝别发际，
花瓣入呢喃。

小路曲径盘，
翠竹催浪漫，
吟诗合仄韵，
揽笔画江天。

新茶香扑面，
细品润喉甜，
黄雀枝头啼，
声调听婉转。

河堤春盎然，
梨花白一片，
踏青马蹄碎，
天高情饱满。

柑橘橙黄色，
葡萄紫云轩，
油果含初涩，
西瓜大又圆。

乐队奏宏伟，
独奏撼心弦，
圆舞曲美妙，
钢琴曲缠绵。

蒙古舞矫健，
维吾尔妖艳，
健美舞火辣，
交际舞蹁跹。

海恋

海风轻柔佛面，
白云映照蔚蓝，
亲吻温柔的海面，
捧起梦中的睡莲。

清澈海水容颜，
抚摸银色沙滩，
品味大海的波澜，
憧憬海底的洞天。

浪漫黄昏海湾，
堤岸渔舟唱晚，
心随欢愉的海燕，
升起航海的风帆。

我的太阳，我的云端，
我的情怀，我的爱恋。
我爱你大海的胸怀，
我爱你无垠的包含。

我的太阳，我的云端，
我的情怀，我的爱恋。
我爱你寂静的美感，
我爱你雄浑的伟岸。

捌 小诗清爽

寒塘

秋水入寒塘，
落花满地黄，
无奈秋光尽，
日月素冰霜。

岁月多跌宕，
总叹世无常，
且赏今宵月，
纵有诗两行。

三月雪

霜松雪舞景万千，
白衣披挂影飞旋。
峡谷三月晴方好，
风情万种瑞丰年。

佳人

柳影春光照佳人，
梨枝花蕊溢香芬。
谷雨潇潇山间秀，
荷叶楚楚映白云。

春燕

春燕呢喃入画屏，
桃李无言沐春风。
清明雾霭云遮月，
雨打丛林叶有声。

叹息

玉枕含香寐难休，
晓月残烛叙春愁。
暗拭一掬相思泪，
几声叹息绪无头。

青春无悔

夜风和煦月怡人，
树影靡丽悦初春。
人有离欢月失意，
青春无悔刻有痕。

凄美

梦幻凄美遇故知，
良宵美景欲语迟。
碎花满地难寻觅，
杜鹃啼血子规时。

缠绵

月影婆娑柳浪烟，
春溪婉转落漪涟。
抽刀断水难相断，
情意缠绵藕丝莲。

夜葱茏

雾霭苍茫翠柏松，
牧歌轻柔夜葱茏。
月色初照芦花影，
云聚云散远离情。

谷雨潇潇

柳影春花俪佳人，
梨枝花蕊溢香芬。
谷雨潇潇春江秀，
荷叶楚楚唤白云。

初春

夜风和煦月怡人，
树影靡丽悦初春。
人有离欢月失意，
春华逝去年有痕。

寻觅

梦幻凄美偶相识，
良宵美景遇故知。
碎花满地难寻觅，
芳华逝去悔已迟。

漪涟

树影婆娑柳浪烟，
山溪婉转落漪涟。
年华逝水恩常念，
梦境悠长意缠绵。

山影

山影苍茫翠青峰，
短笛牧歌夜葱茏。
月色初照芦花影，
倒影玉盘进湖中。

香纤手

池沼亭榭水中秋，
月色梦境风轻柔。
小径桂花香纤手，
一曲琴弦唤乡愁。

烽火台

大龙逶迤烽火台，
漠肃荒凉雨欲来。
胡马金车尘嚣去，
杨花依旧路边开。

红唇

晓柳依依二八春，
悟意深邃启红唇。
庆时款款说心语，
生若秋花照红尘。

缘

林繁叶茂一池寒，

把酒对月相且欢。

心锁踌躇都入梦，

仰慕暗恋皆是缘。

宽窄小馆

宽街阔道聚神人，
窄衢酒香巷子深。
美味佳肴说天地，
食肆盈门话风云。

揽笔

揽笔长襟墨迹新，
夜吟晓题逐星辰。
儒商文采追一梦，
阅尽秋色满风尘。

杰俊

情怀专绩两匆忙，
虔心憔悴意贤长。
初心寻觅追一梦，
且随岁月说短长。

养生

参禅灵诀怡养身，
入眼分明尊上品。
草本海珍皆天物，
通神养颜十年春。

鸟语花香

鸟语枝头笑相闻，
潺潺溪水绕家村。
拂帘初见君郎面，
镜中羞涩点朱唇。

苍茫

苍溪缓水绕山行，
苍霭东边草木生。
茫莽不知今日在，
茫然一隐出江城。

梦归

梦回江南看夕阳，
露寝烟霏入花乡。
云窗山色添新景，
南浦花痕一梦长。

荷塘月色

静心长坐月儿圆，
荷塘夜色柳如烟。
树影葱茏含秋瑟，
枝叶盈窗梦香甜。

气质

神采奕奕气含香，
风采照人语贤长，
春明桃红传心语，
秋月神情花芬芳。

江南

水乡秋花玉带环，
湖光树影画漪涟。
春江水暖鱼丰硕，
岸柳和煦似江南。

湖中帆

春花映日湖中帆，
凭栏眺望意阑珊。
荷塘翠柳池中月，
情歌一曲醉人间。

彩虹

湖中涟漪映彩虹，
烟雨初晴望长空。
楼前月色初霞起，
且斟小酌醉嫣红。

丹青

飘然含笑画丹青，
雅趣诚然邀谁评。
轻摇笔端风云起，
旋霓五彩妙其中。

千手观音

千亩辉煌黄金衣，
手捻玉指黛山移。
观得如来佛缘好，
音律绕梁梦依稀。

绿野

绿竹掩映夕照山，
野花喷芳缓悠闲。
湖光山色林幽静，
峰峦远影瀑落川。

经世倍感思念深，
旧酿老酒味甘醇。
鬓白犹念少年事，
啼血年华且重温。

野花

山坡野花景万千，
争奇斗艳各自然。
花开花谢随天意，
春光明媚待来年。

荷绿

红荷绿叶水露滴，
亭亭玉立出青泥。
才俊自古生寒处，
英雄莫道出身低。

牡丹

百花丛中看牡丹，
香气飘逸出清寒。
盛开时节春一片，
端庄俏丽却自然。

余晖

孤鹜红霞比翼飞，
皓月清池影悬垂。
黛色峰峦连天际，
幻境画卷淡余晖。

风暖

莓红艳透春满坡，
夏日清风暖吹拂。
万里云天花万朵，
葡萄香甜尝几颗。

双燕

一朝赴考同上榜，
双燕齐飞驾云翔。
悬梁刺股十年苦，
恩谢慈母拜高堂。

独饮

雨后清新独饮乐，
景色悠然小城河。
谁与杯饮共你我，
嫦娥月宫古传说。

取舍

月有圆缺自悲伤，
事无完美感凄凉。
欣然取舍寻常事，
随遇而安何勉强。

玖

观影感伤

行香子·简·爱

起伏跌宕，峰回路转。
古经典，曲折委婉。
悱恻缠绵，挚爱永远。
观言情戏，美诗篇，泪垂涟。

命运多舛，贫贱危难。
梦依旧，真情承传。
心守恒，灵魂召唤。
唯一颗心，一片情，一声叹。

《宾虚Ben Hur》观后

铁骨丹心碧血剑，
战车崩裂马仰翻，
吼声雷动众围观，
厮杀博弈鸿门宴。

人性泯灭手足残，
信仰各异匕首见，
民族杀戮血色染，
宗教狂热铁光寒。

公侯子爵拼一战，
举国狂躁呐喧天，
横尸荒野无葬骨，
山河悲泣血浪漫。

分久必合众期盼，
把手言欢恩仇泯，
族裔残杀徒悲惨，
青史叹息悔遗憾。

《芳华》观后

一曲悲歌注心酸，
苦酒羞涩泪缠绵，
多少如花青春梦，
岁月如歌血色鲜。

芳华不在时变迁，
流星划过一灿然，
朦胧似水情莫辨，
杜鹃啼血化硝烟。

人生离别易走散，
重逢不识旧时面，
泪洒双鬓道珍重，
欲说无语忆当年。

芳华远影化云烟，
一路赏析多感念，
匆匆过客人生旅，
铭心刻骨情几段。

《不问西东》观后

父辈艰辛几代情，
潜入年华各西东，
未敢翻阅史沉重，
杜鹃啼血一梦惊。

悲哀耻辱命深重，
且忍虚心殉国情，
疆土甘洒一腔血，
赤子丹心尽国忠。

悲看魍魉起奸雄，
人性泯灭禽兽同，
可怜纯真化魅影，
空坟枯岭隐实名。

掩卷深思望天明，
长忆春秋父老兄，
切齿贼子亡国恨，
谨防今日鬼横行。

《奇迹男孩》观后

天下万物皆生灵，
形异长短志非同，
莫以己长说人短，
礼貌儒雅互尊重。

骏马奔驰疾如风，
智者谦和坐如钟，
仰慕悬河之快语，
更羡妙笔画神功。

千载文化一脉通，
江山岁月古长城，
切莫轻薄评羸弱，
晏子使楚建奇功。

爱怜弱小情珍重，
霸凌愤然起抗争，
爱恨情关童时梦。
若谷胸怀古遗风。

拾

评论锋芒

赏识

天地轮回乾坤开，
命运多舛谁安排，
有心栽花空期待，
无意插枝柳成材。

有缘相聚惜栋才，
无眼宝玉落尘埃，
病树侧畔千帆过，
贻笑后人错失才。

重整山河阵旗开，
细数貂锦点将台，
十年磨的青锋剑，
一朝封喉啸天外。

剑走偏锋频出彩，
蓄势腾飞好气派，
审时度势大手笔，
风卷残云奔未来。

尊重

两踞崇山各拥春，
强峰峻岭满朝臣，
之看群雄三国志，
争王斗霸史留痕。

存邦友谊释烦纷，
异见搁置熄纷纭，
求熔干戈为玉帛，
同泯一笑化仇云。

互敬谦卑礼仪存，
相濡以沫民相亲，
尊宗拜祖传承久，
重阳摆酒聚乡人。

共赢互补携并进，
同舟共济赴乾坤，
繁荣与共勤互勉，
荣辱共担叱风云。

霸凌事件

联航驱客传恶行，
店大欺客施霸凌，
危机管控惹众怒，
终酿苦酒夜噩梦。

危机处理须坦诚，
认错赔偿博同情，
辩解抵赖全无用，
火上浇油忿难平。

规章制度死僵硬，
公关客服皆为零，
纵有千口难说清，
千夫所指忿难平。

天有不测风雷动，
人有旦夕祸横生，
趋易避害化事端，
化险为夷人常情。

交通便利人出行，
礼让三分各文明，
管理漏洞自作孽，
败笔案例史留名。

思念

经世倍感思念深，
旧酿老酒味甘醇。
鬓白犹念少年事，
啼血年华且重温。

香港

东方之珠照海明，
背靠家国更兴隆，
法治严明人勤勉，
金融贸易四贯通。

优势精专人称颂，
冷暖自知莫折腾，
高效清廉博尊敬，
蓄势腾飞猛蛟龙。

拾壹 叙事印象

绚舞

晚霞挂在天边，
白云映衬蔚蓝，
欢乐充满小院，
绚丽舞者翩跹。

领者舞在前面，
随舞美女一片，
热情凝聚足尖，
韵律醉在鼓点。

笑看着蓝天，
舞伸展自然，
曲优美婉转，
乐渐入心田。

民族风最炫，
套马杆盘旋，
藏舞篝火燃，
西风泪花闪。

蒙古高原，
沂蒙山边，
旗袍美艳，
潇湘江南。

身随舞绚，
腰肢韵含，
心意荡漾，
喜上眉间。

健美舞

健康初得好身材，
美丽心情笑口开，
题的神韵春日好，
材高邀得仙气来。

女舞红绸彩满台，
靓丽清纯花顿开，
男筹帷幄神自在，
帅气临风好气概。

美景天然玉女裁，
丽影春装扑面来，
情到深处泪滑落，
怀思时刻语噎塞。

异地多闻好题材，
乡音古曲独一派，
风华似锦春长在，
采茶时节花竟开。

莫家女

漫步桃花源，
典雅浅衣衫，
轻摇翠香扇，
蛮腰玉佩环。

擅长著诗篇，
李杜另相看，
隽咏意陶醉，
诗句细婵娟。

旋律轻如绚，
玉湖起波澜，
演绎情饱满，
歌喉美香甜。

情怀道婉转，
萧雨说江南，
曲美字腔圆，
陶醉桂花田。

俊俏妙容颜，
媚眼意阑珊，
风姿朔日月，
冷艳多美感。

不食烟火事，
处世若飘然，
才情多灵感，
神仙初下凡。

获奖

比肩海内多认同，
华夏锦簇舞清风，
丽和琴瑟出江晋，
山映江花入海中。

群峰烟翠独凭栏，
星际浩渺远云川，
璀悬半空邀明月，
璨溪飞下落九天。

广传知名冠锦囊，
成诗入韵满庭芳，
获赞谦卑廉如许，
奖德称颂一缕香。

众星拱月碧水清，
心宽无计却成名，
所系名归拜君客，
盼洒红绫满洛城。

双眸

青春暂短留爱恋，
春梦依稀情盎然，
爱意初萌存甜美，
恋心婉转情挂牵。

双翠香澈碧玉姗，
眸眉娥鬟出画岚，
清风煦渺落红处，
澈缓天云影初含。

秋情雨颐芷自然，
含波凝动意阑珊，
迷蒙云霄奇峰路，
离恨长叹红霞晚。

影城

影城梧桐月如钩，
舞者翩跹乐不休，
广陵邀得春色美，
城满红绫夜清幽。

闪舞

闪舞堆花满街亭，
岚萍雨顺水月清，
树影灯花人自醉，
一曲绚丽入洛城。

太阳能

太行普照过太空，
阳光巧换替电能，
动韵翩启长驱动，
能源循环绿运行。

绿绮披烟静夜明，
树香含苞晓檐声，
掩门犹看春林晚，
映水依稀泉流声。

天地回旋日月行，
地载万物自神通，
和风涧水香如锦，
谐赏霞光碧玉红。

万花争艳秋月红，
物魅锦簇郁葱葱，
共处和谐桃李载，
生活美满想事成。

梦露红酒

梦随夙愿日夜长，
露凝风爽淡芬芳，
美人窗前餐秀色，
酒香四溢暖心房。

蔡郡楼前画亭廊，
舒眼赏目晚秋霜，
独斟小酌说家事，
有情放饮醉他乡。

阿波罗

阿娇绿荷玉蟾香，
波云风暖意深长，
罗君望月惬幽赏，
神仙天子配相当。

巧云惊雨接天光，
夺目光辉紫萱长，
神女妙笔画日月，
功名千载入华章。

绿荫掩映透霞光，
色泽斑斓好吉祥，
电功但随天地动，
能书千山碧水长。

太空浩荡天无量，
阳照珍宝地蕴藏，
驱动科学人理想，
动在实践化锋芒。

路

村居寒舍柳枝弯，
路转峰徊行路难，
蜿声雀鸣乡间好，
蜒引春溪桃花源。

高峰林壑春夜长，
速随仙梦一缕香，
拓影依稀怀旧事，
展想悠然忆衷肠。

桥栏拱影雾霜天，
高山细瀑缓流泉，
路边枫叶秋荏苒，
宽岭黄花艳依然。

畅流百舸天地间，
通达飞舟箭出弦，
无垠秋色枫耀眼，
限梏犹感水横寒。

舞魂

舞魂神韵着青妆，
倒踢金冠映斜阳，
韵律时逢春美好，
轻盈倩影留余香。

赞梁艺①

梅树花开红彤彤，
花蕊芬芳香意浓，
绽放节气耀日月，
放怀淡然释人生。

文静笑貌举若轻，
化云仙子自知明，
修炼世间三分苦，
养德爱心寓真情。

气宇红绡射弯弓，
节度雅趣丽人行，
高风亮节洁自敛，
尚说冷暖话云轻。

淡墨轻描叙心声，
雅韵谈吐语从容，
芬馥皓洁傲冬雪，
芳葩品质付秋风。

① 现代版的张海迪

郎平回南加

蓝天白云秋高趣，
绿野红绫雨神奇，
南加风和送春暖，
英雄返乡喜相聚。

球场风雷惊天地，
逆袭反转相拥泣，
坚韧唤得红霞起，
跌宕风云天助力。

命运起伏人各异，
自助天助勤努力，
小有输赢莫可惜，
笑在终场大志气。

高瞻远瞩高格局，
输的山头赢战役，
绝路逢生重站起，
倜傥风流鬼神泣。

藏头诗赠叶练医生

巧指仙境翠清幽，
引入画廊晓亭楼，
凤展彩翼当空舞，
凰栖春水暖沙鸥。

春耕勤勉收在秋，
播种企盼好年头，
秋枫圆月斟梅酒，
香浓时润瓜蒂熟。

神奇妙笔画春秋，
医道般实暨专谋，
叶茂枝繁多修好，
练聚川溪入江流。

孕含龙凤鸣枝头，
育才传承家富有，
芬芳秋实喜相看，
芳传后代贵封侯。

访廊坊

魅竹山影秋色长，
力助京津架桥梁，
廊亭笼翠盎春意，
坊间飞腾彩凤凰。

臂展双翼迎朝阳，
连天碧秀自醇香，
八方来贺云和月，
方圆韵味古贤长。

风光秀美一脉长，
景锁秋波润山乡，
独居烟霞雄关道，
秀慧好中展情长。

春季桃花始春忙，
城南旧事话悠长，
花田耕耘人勤勉，
香飘冀北凤飞翔。

闪送

自古路漫长，
今有闪送郎，
货送如飞燕，
便利如探囊。

网络信息畅，
手机购物忙，
天涯近咫尺，
万里叙家常。

闺蜜随身访，
挚友诉衷肠，
美图秀秀拍，
鸡汤替食粮。

无聊上上网，
共享晒家常，
组组老照片，
款款细珍藏。

指尖拨日月，
风云手中掌，
大事群中宣，
私信密不扬。

社交圈分类，
主题不影响，
千人随影行，
坐地知八方。

同学聚会

相聚手紧握，
对视笑呵呵，
细微观变化，
音容很亲和。

旧趣重提起，
快语跑火车，
十年飞逝过，
细说近生活。

同窗学理论，
案例勤切磋，
学识赋实践，
创业开先河。

先说老同学，
再聊娃快乐，
某君发大财，
某姐成肥婆。

钱多花不完，
出门派专车，
四处去旅游，
八方品吃喝。

生活甚美好，
努力获成果，
国家日兴旺，
家庭有欢乐。

话别紧拥抱，
嘱托语随和，
相约再相见，
风中续传说。

高考

百万学子聚京城，
一夕拍板乾坤定，
百万江卿龙门跃，
翘首企盼人长情。

后世前缘谁注定，
一夜鸟散各西东，
风尘仆仆前程路，
终局难料谁输赢。

千行百业出英雄，
跌宕辗转各人生，
官禄未必真豪杰，
龟兔终点叙豪情。

全民施教近国情，
普及资源惠民众，
百万鱼苗注江海，
总有几尾化蛟龙。

黑

黑的哲理，
黑的迷蒙。
黑的深刻，
黑的厚重。
龙脉肌理，
深壑浅峰。
无形无沿，
内涵心声。
呼唤历史，
爱憎分明。

群芳

网络通八方，
人气好排场，
友聚四方客，
专才皆精良。

群主定方向，
主题费思量，
名儒加强将，
各有大名堂。

言出即文章，
出手武高强，
话落定九鼎，
神仙震八方。

诗歌润道场，
大师笔锋长，
专题高峰会，
聊兴话家常。

细品乌龙茶，
佳酿闻酒香，
送餐周边菜，
佳肴遍品尝。

切磋商海经，
互补兼所长，
项目配资本，
宝驹生翅膀。

智慧出决策，
专家入智囊，
胆识皆粗犷，
实施细规章。

帅哥才艺广，
靓女歌喉亮，
精英各独特，
专家出各行。

商道名人汇，
政论大讲堂，
地阔观虎跃，
天高任翱翔。

和美英

日种桑麻为谁忙，
早趁星月晚披霜，
犹含优雅书生意，
月夜孤灯读卷长。

故国一去三十载，
独臂擎天辟新乡，
尝尽人情和事故，
品味悲欢与沧桑。

当年窈窕红脸庞，
时尚俏丽花衣裳，
一丝情窦初绽放，
几许痴情和理想。

最爱柳枝月盈窗，
眷恋村头小池塘，
翠竹山寨儿女情，
桃花源里温柔乡。

日理万机日匆忙，
难堪回首旧时光，
枕边长存幼时趣，
几度梦归回家乡。

偏喜婉约文字榜，
独爱笔砚诗成行，
日出而作勤为贵，
晚读唐宋韵华章。

人有品格耀日月，
博学知识放眼量，
钱财尚够即富有，
富贵徒名亦无当。

斗室做的君王梦，
纤笔风云史卷长，
自古寒梅傲霜雪，
青毫素纸飞凤凰。